主　编：张润喜
编　委：吴红霞　赵志刚　张守良　鲍瑞娥
　　　　刘够安　孙瑞忠　王献伟　吴慧敏
插　画：苗　华　田　津　魏晓慧　王燕红

# 老游戏 旧时光

张润喜等 编著

山西出版传媒集团 山西人民出版社

图书在版编目（CIP）数据

老游戏　旧时光 / 张润喜等编著. —太原：山西人民出版社，2022.1
ISBN 978-7-203-11922-7

Ⅰ. ①老… Ⅱ. ①张… Ⅲ. ①游戏-中国-通俗读物 Ⅳ. ①G898-49

中国版本图书馆 CIP 数据核字（2021）第 238949 号

**老游戏　旧时光**
LAOYOUXI JIUSHIGUANG

| | |
|---|---|
| 编　　著： | 张润喜　等 |
| 责任编辑： | 孙宇欣 |
| 复　　审： | 贾　娟 |
| 终　　审： | 贺　权 |
| 装帧设计： | 谢　成 |
| 出 版 者： | 山西出版传媒集团·山西人民出版社 |
| 地　　址： | 太原市建设南路 21 号 |
| 邮　　编： | 030012 |
| 发行营销： | 0351-4922220　4955996　4956039　4922127（传真） |
| 天猫官店： | https://sxrmcbs.tmall.com　电话：0351-4922159 |
| E - mail： | sxskcb@163.com　发行部 |
| | sxskcb@126.com　总编室 |
| 网　　址： | www.sxskcb.com |
| 经 销 者： | 山西出版传媒集团·山西人民出版社 |
| 承 印 厂： | 山西出版传媒集团·山西人民印刷有限责任公司 |
| 开　　本： | 720mm×1020mm　1/16 |
| 印　　张： | 10 |
| 字　　数： | 250 千字 |
| 印　　数： | 1—6000 册 |
| 版　　次： | 2022 年 1 月　第 1 版 |
| 印　　次： | 2022 年 1 月　第 1 次印刷 |
| 书　　号： | ISBN 978-7-203-11922-7 |
| 定　　价： | 39.80 元 |

**如有印装质量问题请与本社联系调换**

# 前 言

中华优秀传统文化是中华民族的基因,是中华民族的文化血脉和精神命脉,也是中国特色社会主义建设的历史基础和社会主义核心价值观的重要源泉。

有学者说,游戏是文化的一种文本、一种符号,那作为民众生活重要部分的传统游戏,自然是中华传统文化的重要组成部分。它保存了诸多民间传统文化的元素,是认识传统文化的窗口。

流行于民间的老游戏是由普通民众的生活经历、经验和智慧创造的集体活动形式。它的产生、发展过程无不受到各时期文化和民众生活方式的影响,可以说,其发展轨迹一定程度上反映了民众的生存状况、文化心理和精神气质,是时代精神最直观、最鲜活的外在体现。从民间老游戏的角度,可以更好地发现、理解民众的生活方式和生活理念，更多地挖掘、积累民间文化资源和社会教育资源，更深入地探索、总结其中蕴含的中华传统文化的基因。

书中老游戏的选编标准是经典、民间、传统。在编写中力求做到文字简明、表述清晰、图文并茂。所选游戏按照性质划分为智能游戏、体能游戏，以及智能与体能相结合的游戏三大类。每例游戏从名称、道具、场地、人数、规则、意义等方面具体说明，并配以精美插画。

限于编者水平，对丰富的传统游戏的选编只能是挂一漏万，对每个游戏的表述也难免不尽周到，敬请专家学者批评指正！

# 目录

**智能游戏**

2 猜字
4 天下太平
6 五毛和一块
8 夹玻璃珠
10 跳茅坑

12 老虎吃人
14 关地牢
16 井字游戏
18 七巧板
20 登顶金字塔

**体能游戏**

24 编花篮
26 摸瞎子
28 丢手绢
30 老鼠笼
32 脚尖脚跟脚尖踢
34 丢沙包
36 骑马打仗
38 炒黄豆
40 切西瓜
42 老鹰捉小鸡
44 踢毽子
46 打讨吃
48 过堂受审

50 顶悠儿
52 滚铁环
54 夹粽子
56 贴膏药
58 斗鸡
60 跨大步
62 挤牙膏
64 丢筷子
66 村民搬家
68 蹬洗脸盆
70 拉大锯
72 跳皮筋

**智能与体能结合的游戏**

| | | | |
|---|---|---|---|
| 76 | 挑棍 | 114 | 抬轿子 |
| 78 | 猜拳行令 | 116 | 孵小鸡 |
| 80 | 鸭子过河 | 118 | 占山 |
| 82 | 不倒翁 | 120 | 摔泥锅 |
| 84 | 跑格子 | 122 | 刁乖乖 |
| 86 | 牛气冲天 | 124 | 丢石子 |
| 88 | 翻花绳 | 126 | 盲人摸象 |
| 90 | 拍洋画 | 128 | 鸣锣 |
| 92 | 老狼老狼几点了 | 130 | 猎人抓野兔 |
| 94 | 真假孙悟空 | 132 | 杠老将 |
| 96 | 官打捉贼 | 134 | 拍电报 |
| 98 | 三个字 | 136 | 手推车 |
| 100 | 冰棍化了 | 138 | 击鼓传花 |
| 102 | 戴草帽 | 140 | 打尜子 |
| 104 | 全国人民大解放 | 142 | 过家家 |
| 106 | 红灯绿灯小板凳停 | 144 | 捉迷藏 |
| 108 | 回头看 | 146 | 攻城 |
| 110 | 木头人 | 148 | 跳房子 |
| 112 | 火车钻洞 | 151 | 后记 |

# 智能游戏

游戏名称　猜字

道　　具　无须道具

场地说明　随处可玩

参与人数　三人或多人

# 猜字

## 游戏规则

三人时，一人写字，一人猜字，一人当裁判。人多时分组进行，每组由三人组成，每人担任一个角色。角色可互换。

1. 一位游戏者在另一位游戏者的背部用手指写字，让对方猜猜写的是什么字，裁判在写字者旁边观看并统计猜对字的数目。一般用写"正"字的办法统计，猜对一个字写一笔。

2. 三位游戏者协商确定角色后轮流猜字，每人都猜过一次算一轮。游戏者可约定玩的轮次，猜对的字数多者获胜。

## 游戏意义

锻炼游戏者的专注力和感知能力；提高游戏者的识字写字、计数能力。

**游戏名称**　天下太平

**道　　具**　几颗石子或小树枝

**场地说明**　室外平坦宽敞的空地

**参与人数**　两人或多人

# 天下太平

## 游戏规则

参与者一般为两人,人多时可两人一组分组活动。

1.开始时先各自用石子(或树枝)在空地画一个田字格,然后用"石头剪刀布"的方式确定谁先写字,获胜的一方可以先在自己的田字格内用石子(或树枝)依照"天下太平"的字序写上一笔(一个格内写一个字)。

2.之后继续采用"石头剪刀布"猜拳写字,直到一方首先写完"天下太平"四个字,即为胜利者。

## 游戏意义

练习写字的笔顺,提高写字能力;让游戏者体会到"天下太平"来之不易,树立热爱国家的思想意识。

**游戏名称**　五毛和一块

**道　　具**　无须道具

**场地说明**　室外平坦宽敞的空地

**参与人数**　多人

# 五毛和一块

## 游戏规则

参与者一般为十几个人，人多些更好玩，一定要有男有女。在游戏中，男生是"一块钱"，女生是"五毛钱"（或男生是"五毛钱"，女生是"一块钱"）。还需裁判一名，负责发号施令。

1. 游戏开始前，大家全分散站开，裁判站旁边。
2. 裁判宣布游戏开始，并喊出一个钱数（比如三块五、六块或八块五）。其他人要在最短的时间内组成相加之和为该钱数的小团队，例如裁判喊出的是"三块五"，那就三男一女、七女或一男五女迅速组成小团队。
3. 组合错误以及未完成组合者需要表演节目。
4. 以此规则继续游戏。上一轮的表演节目者为下一轮的裁判（若不止一人，可通过猜拳决定）。

## 游戏意义

锻炼游戏者的反应能力；训练游戏者的快速运算能力。

**游戏名称**　夹玻璃珠（别名：夹珠子）
**道　　具**　两只盘子，一双筷子，100个玻璃珠，一个计时器
**场地说明**　室内室外均能玩儿
**参与人数**　两人或多人

# 夹玻璃珠

## 游戏规则

一般是两人比赛；人多时分两组进行，用猜拳方式决定游戏顺序，赢者先夹。

1. 在桌子上放相隔约六十厘米的盘子，一个装满玻璃珠，一个为空盘子。

2. 各队派出自己的队员，在规定的时间内（一人一分钟或一人三十秒，时间可临时商定），从装有玻璃珠的盘子里用筷子把玻璃珠夹到另一个空盘子里。同组队员依次进行，一组完了换另一组进行。

3. 夹玻璃珠时需要注意：第一，夹珠子者只能用筷子的圆头那端，以增加难度；第二，只能单手用筷子"夹"珠子不能"挑"，更不能用另一只手帮忙；第三，中途珠子若掉出则重新从盘子里夹而不用去捡起珠子，但计时不可中断；第四，全部完成后，统计各组所夹玻璃珠子的总数，多者为胜。

## 游戏意义

培养游戏者的耐心和专注力；锻炼游戏者的观察力、灵活性；多人游戏时，还可培养参与者的团队合作意识。

游戏名称　跳茅坑
道　　具　每人两块小石子或两根小木棍
场地说明　室内室外均可玩儿
参与人数　两人

# 跳茅坑

### 游戏规则

此为两人游戏。在地上或者石板上，画一个缺一条边的矩形或正方形，连接对角线（形似"区"字），缺边的地方画上一个圆当"茅坑"，这就是游戏用的棋盘。玩耍的双方拿形状不同的木棍或石子作为棋子。

1. 游戏开始的时候，两人分别手拿两枚棋子，坐在棋盘的两边也就是"茅坑"的两侧，每人把自己的两个棋子放在棋盘一边的两个点上，然后用猜拳的方式决定谁先走，但先走的一方不能第一步就把对方"逼死"。

2. 一人一步沿着棋盘上的连线向空位处移动，一步走一个棋子。只要一方的棋子无路可走，被逼得跳进"茅坑"里，那就输掉一局。两人可以约定局数、输赢规则，比如五局三胜、七局五胜等。

### 游戏意义

锻炼游戏者的观察力；培养游戏者的逻辑思维能力。

**游戏名称** 老虎吃人（别名：老虎棋，老虎吃小孩）

**道　　具** 土块儿、石子或短树枝

**场地说明** 平坦的空地

**参与人数** 两人

# 老虎吃人

**游戏规则**

1. 先在石板或地上画出棋盘。先画出一个正方形的田字格；然后在田字格的四个小正方形里画四个米字格。在大正方形棋盘的任意一条边的中点处，延长出一个画有对角线的小正方形，当作"虎穴"。

2. 棋子分为两种，对弈的双方分别是"老虎"和"人"。"老虎"由一枚大石子或一小段粗树枝充当；"人"共十六枚棋子，用小石子或者短小的细树枝表示。

3. 布局有两种方式："老虎"位于棋盘中央交点处，叫实心棋，"老虎"最后被围在"虎穴"中不能动，则"老虎"输；"老虎"位于"虎穴"中，叫空心棋，"老虎"最后被围在棋盘中心，则"老虎"输。"人"分别放在中间正方形的八个点上，其余八粒先拿在手中。

4. 开局后，"老虎"先走。走棋时，"老虎"和"人"均只能沿直线或斜线移动一步。"人"一开始不能移动棋盘上的棋子，要先把拿在手中的棋子根据需要依次摆到棋盘上，然后才能移动棋盘上的棋子。

5. "人"不可吃"老虎"，只能围堵"老虎"，当围堵"老虎"到规定地方不能移动时，"人"获胜。"老虎"可以吃"人"，方法是跳吃，即像跳棋那样跨过"人"棋子，就可吃掉一个"人"，被吃掉的棋子从棋盘上拿出去。当"老虎"将"人"吃得不可能围住"老虎"时，"老虎"方获胜。

**游戏意义**

既具娱乐性，又能开发智力；可以培养游戏者的全局意识和缜密思维。

**游戏名称** 关地牢

**道　　具** 石子、树枝、纽扣、硬币等能代替棋子的东西均可

**场地说明** 室内外均可

**参与人数** 两人

# 关地牢

### 游戏规则

先画棋盘，室内玩儿时，用笔画在纸上，户外玩儿时用树枝或粉笔画在地上。棋盘为边长约为三十厘米的无底边的田字格，即两横线三竖线，在开口处的三个端点分别画上三个空心圆圈，代表三个"地牢"。

1.玩者每人准备"棋子"三枚，分别蹲坐在棋盘两边，将手中的"棋子"放在自己一侧的三个点上，布局完成。

2.以丢硬币或猜拳形式决定游戏顺序，获胜者先走，每次只能沿连线向空白处走一步，两人依次交替进行，直至其中一方将另一方的三枚棋子都逼进"地牢"内无路可走时，被关进"地牢"的一方则输掉本局游戏。下一局以同样的方法重新开始，玩至尽兴为止。

### 游戏意义

增进游戏者的友谊；培养游戏者的耐心和专注力；开发游戏者以退为进、诱敌深入、出其不意等思维能力。

游戏名称　井字游戏
道　　具　纸、笔（室外则用小石子或粉笔）
场地说明　随处可玩
参与人数　两人

# 井字游戏

## 游戏规则

此游戏是两人游戏,是在三乘三的格子棋盘上操作的一种连珠游戏,由"五子棋"演化而来。

1. 游戏时,双方分别用"×"和"○"来代表各自的标记。
2. 两个游戏者轮流在格子里留下标记,最先在任意一条直线成功连接三个标记的一方获胜。

## 游戏意义

富有趣味,促进智力发展,增益游戏者思考问题的周密性和战略性。

**游戏名称** 七巧板（别名：七巧图、智慧板）

**道　　具** 将正方形薄板、硬纸板或卡纸分截为七块，包括五个三角形、一个正方形和一个平行四边形。具体方法如下：拿一张正方形的纸，沿顶点对折出现两个三角形，剪开，拿其中一个三角形对折剪开。另一个三角形从顶角向下折，碰到底边后剪开，然后剩下一个等腰梯形，对折梯形后剪开，拿其中一半剪出一个三角形和一个正方形，然后用另一半剪出一个三角形和一个平行四边形。以剪好的图形为模板在准备好的材质上裁剪，便可得到想要的七巧板

**场地说明** 随处可玩

**参与人数** 一人或多人

# 七巧板

### 游戏规则

七巧板由宋代"燕几图"演变而来。原为文人玩的一种室内游戏,后流传到民间,逐步演变为拼图板玩具。

1. 游戏时先将七块板拆开。
2. 用拆开的七巧板拼成各种图形,如人物、动植物、建筑、车马等。
3. 可一人玩,也可数人比赛。多人玩儿时组合图形多者为胜。

### 游戏意义

七巧板设计科学,构思巧妙,变化无穷,有益于提高游戏者的想象力和判断力,活跃形象思维,启发智慧。

**游戏名称**　登顶金字塔（别名：抢占王宫）

**道　　具**　树枝、石子、玻璃珠、纸片、画笔等

**场地说明**　室内室外均可玩儿

**参与人数**　三人

# 登顶金字塔

## 游戏规则

**画棋盘**：先在地上或纸上画一个腰长是底边长二倍的等腰三角形，等距离作五至九条底边的平行线。然后，过顶点向底边作中线，再在顶点处向外画一圆圈，圆圈内画一"十"字，"十"字的竖线要和中线呈一条直线，再在圆圈和"十"字的交点画上小圆圈，左右两边小圆圈标为"卫兵"室，最高处的小圆圈标为"仆从"室，中间交叉处"十"为"王宫"。

**摆棋子**：参与游戏的三个人分别准备颜色（或质地、形状）各不相同的棋子四枚，将其中一枚棋子摆在棋盘底边的三个点上，将剩余的三枚棋子握在手里。

**登塔抢宫**：将1到9这9个自然数分成三组，A组为1、4、7；B组为2、5、8；C组为3、6、9；三个人分别选定其中一组数。开始游戏时，三人蹲坐在三角形外，右手握取0~3枚棋子同时喊"一二三四"，当喊到"四"时，三人同时出拳并展示自己手里的棋子数。累加三个人的棋子数，总数为哪一组则哪个人将棋盘上自己的棋子向上移动一格，就这样一格一格地向上登。走得最快的要先抢占"王宫"，次快的占"卫兵"室，最慢的只能选择"仆从"室。

**搞活动**：占领"王宫"的，可分别向"仆从"和"卫兵"提三次服务要求，如让"仆从"给自己倒茶、按摩，让"卫兵"为自己驾车、表演马戏、制作玩具等。

### 游戏意义

学习画图的技能,如画直线画圆圈画平行线画中线等;激发观察、模仿技能。

# 体能游戏

**游戏名称** 编花篮（别名：搭井台，跳四方）

**道　　具** 无须道具

**场地说明** 平坦空旷的地方

**参与人数** 多人为佳，最少三人

# 编花篮

## 游戏规则

此为多人游戏，可分组进行比赛，每组最少三人。

1. 游戏者面向外围成一个圈，第一名向后把腿抬起，第二名把腿搭在第一名的腿上，依此类推，直到第一名把腿搭在最后一名的腿上，便形成了一个"花篮"。然后大家各自单腿站立。

2. 游戏开始后，大家同时顺时针或逆时针绕圈跳跃，边跳边拍手唱歌谣。以唱的歌谣、拍手的节奏来使动作协调统一，只要有一名游戏者失去平衡使"花篮"散开，此次游戏结束。坚持时间最长的组获胜。

附　歌谣《编花篮》

编，编，编花篮，花篮里面有小孩，小孩的名字叫花篮。站得稳，跳得齐。马兰花开二十一，二五六二五七，二八二九三十一；三五六三五七，三八三九四十一；……九五六九五七，九八九九一百一。

## 游戏意义

锻炼游戏者的下肢力量，增强身体平衡性；培养游戏者相互协作的意识，增强集体的凝聚力。

**游戏名称** 摸瞎子（别名：瞎子摸鬼）
**道　　具** 宽十厘米左右的布条、丝巾或眼罩
**场地说明** 平坦宽敞的空地
**参与人数** 五六个人

# 摸瞎子

### 游戏规则

在地上画出一片正方形区域,作为游戏场地。

1. 大家站在场地内,先选出一个人当"瞎子",用布条、丝巾或眼罩蒙住他的眼睛,确保看不到任何东西,然后推着他原地转三圈,就可以开始"摸"人了。

2. 当"瞎子"的人要努力"摸"到并抱住一个人,然后通过身高、头发等特征"摸"出被抓到的人是谁。如果猜不出被抓到的人,则继续当"瞎子",放了这个人,转三圈,再继续游戏。如果猜出是谁,那么换成这个被抓到的人当"瞎子",蒙上眼睛,转三圈,开始"摸"人。

3. 在"摸"的过程中,大家可以通过发出声音或突然拍他的后背,来吸引当"瞎子"的人,但是当"瞎子"抓到一个人开始猜的时候,就不能发出声音了。如果有人被逼出边界线,那么也算这个人失败,由他来当下一轮的"瞎子"。

### 游戏意义

锻炼游戏者的感知、判断能力;提升游戏者的分辨比较能力;增强游戏者的身体素质。

**游戏名称**　丢手绢（别名：丢手帕）
**道　　具**　手绢
**场地说明**　操场或无车辆行人通过的宽敞平坦的空地
**参与人数**　多人

# 丢手绢

## 游戏规则

（一）传统玩法。1.开始前，大家推选出一个丢手绢的人，其余的人围成一个大圆圈蹲下。2.游戏开始，大家一起唱《丢手绢》歌谣，被推选丢手绢的人沿着圆圈外行走或跑步。在歌谣唱完之前，丢手绢的人要不知不觉地将手绢丢在其中一人的身后。3.被丢了手绢的人要迅速发现自己身后的手绢，然后捡起手绢迅速起身追逐丢手绢的人。丢手绢的人沿着圆圈奔跑，跑到被丢手绢人的位置时蹲下，如在跑的过程中被抓住，则要表演一个节目，如表演跳舞、讲故事等。如果被丢手绢的人未发现身后的手绢，而让丢手绢的人转了一圈后抓住的，就要表演节目并做下一轮丢手绢的人，他的位置则由刚才丢手绢的人代替。

（二）创新玩法。传统玩法是一个人丢手绢，后来在此基础上，进行了发展创新，由两个小朋友拿不同颜色的手绢，一起丢手绢。在传统玩法中，都是单人单圈，为增加游戏的趣味性，可以双人双圈、三人三圈等等。多圈组合既增加了游戏的难度，又给游戏者提供了更多的参与机会。

## 游戏意义

促进游戏者运动机能的发展；锻炼游戏者的应变能力、身体的灵活性及在公共场合的自我表现能力；在游戏过程中，游戏者始终处于主体地位，并保持着身心愉悦的状态，这对形成乐观开朗的性格具有积极的意义。

游戏名称　老鼠笼

道　　具　无须道具

场地说明　平坦宽敞的空地

参与人数　多人

# 老鼠笼

**游戏规则**

游戏者先分为两组，一组由几个人扮演"老鼠"站在圆圈内，其余人手拉手围成一个圆圈，做成"老鼠笼"。

1. 游戏开始，所有人都说："老鼠老鼠坏东西，半夜出来偷吃米，我们搭个老鼠笼，咔嚓一声抓住你。"
2. 扮演"老鼠"的人沿圈依次绕人呈"S"形跑，当说到"抓住你"的时候，搭"老鼠笼"的人一起把手放下，在圈内的"老鼠"就被抓住，直到所有的"老鼠"都被抓住，一轮游戏结束。

**游戏意义**

练习个体的快速反应能力和合作能力；训练游戏者身体的敏捷性。

游戏名称　脚尖脚跟脚尖踢
道　　具　无须道具
场地说明　平坦的空地
参与人数　一人或多人

# 脚尖脚跟脚尖踢

## 游戏规则

1. 游戏者双手叉腰,边念"脚尖"(右脚朝后脚尖点地)"脚跟"(右脚朝前脚跟点地)"脚尖踢"(将右脚尖朝左前方点地,接着向右前方踢出)边跳动。
2. 第二遍换左脚,依次反复进行。

## 游戏意义

有助于提高游戏者身体的平衡性、肢体的灵活性、协调性及反应速度。

**游戏名称** 丢沙包

**道　　具** 用结实耐用的布裁六块边长约十厘米的正方形，
　　　　　　缝成沙包，内装豆子或玉米粒等

**场地说明** 平坦宽敞的空地

**参与人数** 多人

# 丢沙包

### 游戏规则

在一个大约是羽毛球场大小的区域中游戏，商定其中的两个人站在场地的两端，为丢沙包的人，两人互相传接，并有意击打场中跑动的人。

1. 其他人可在场地中任意跑动，躲避两个人的沙包的攻击。若场地中的人被沙包打到则算"死掉一次"。

2. 相反，场地中的人接到沙包一次，就可以"增加一命"，多一次玩儿的机会（游戏者可以协商规定场地中的人接到沙包所得到的"命"的数量。通常，接沙包可以分单手或双手，单手接沙包和双手接沙包所得到的命的数量不同）。场地中的所有人被"打死"后，本轮游戏结束，换角色进行下一轮游戏。

### 游戏意义

锻炼游戏者的奔跑能力、反应能力及出击和防御能力；增强体质，锻炼体能，促进游戏者机体发育。

游戏名称　骑马打仗

道　　具　无须道具

场地说明　平坦宽敞的空地

参与人数　四人以上

# 骑马打仗

**游戏规则**

参加人数要求四人以上,两人一组。

1.各组选比较高大的儿童当"马",另一体轻者则骑坐在"马"上,然后组与组对抗。

2.骑"马"的人可以用手拉扯对方,只要把人从"马"上拉下来,或使对方连人带"马"摔倒,对方就被淘汰下场,把所有其他组都淘汰的组即为获胜组。

**游戏意义**

锻炼游戏者的团队合作能力,培养游戏者的胆略和担当;促进游戏者体能的发展。

游戏名称　炒黄豆

道　　具　无须道具

场地说明　平坦宽敞的空地

参与人数　两人或多人

# 炒黄豆

### 游戏规则

1.两个人玩时,面对面手拉手站好,然后一边念儿歌("炒,炒,炒黄豆,炒好黄豆翻跟头")一边向里外晃动手,做"炒黄豆"的动作。儿歌念完最后一句时,两个人一块儿举起一侧的手臂同时钻过,呈背对背状。

2.多人参与时,则手拉手形成一个圆圈,翻转时要依次进行,以免扭伤。

### 游戏意义

训练游戏者动作的协调性和相互之间的配合能力,在看似简单的运动中增强游戏者的体质。

游戏名称　切西瓜
道　　具　无须道具
场地说明　平坦宽敞的空地
参与人数　多人

# 切西瓜

## 游戏规则

此为多人游戏。先协商选出一人当"切瓜手",其他人手拉手围成一个大圆圈当"大西瓜"。

1. 一人边念儿歌("切,切,切西瓜,切开一个大西瓜")边绕着圆圈走边做切西瓜的动作,念到最后一个字时将身边两个人拉着的手"切开",然后站在被切开的位置。

2. 被"切开"的两人需立即朝不同的方向跑一圈再回到原位,先到达原位者就是下一轮游戏的切瓜人。

## 游戏意义

锻炼游戏者的奔跑能力和灵敏的反应能力;反复念儿歌,还可锻炼游戏者的肺活量。

**游戏名称** 老鹰捉小鸡（别名：黄鼠狼抓鸡，大灰狼拖小猪）

**道　　具** 不需要什么特别的道具，游戏者可根据自己扮演的
角色分别戴一些头饰

**场地说明** 操场或平坦宽敞的空地

**参与人数** 多人

# 老鹰捉小鸡

### 游戏规则

此为多人游戏。以猜拳决定谁来当"老鹰""鸡妈妈""小鸡"。

1. 游戏时,"老鹰"和"鸡妈妈"相对站立,距离两米左右。"鸡妈妈"后面是"小鸡","小鸡"依次抓住"鸡妈妈"或自己前面"小鸡"的衣服跑动,避开"老鹰"的抓捕。

2. "老鹰"站在"鸡妈妈"对面,不许推"鸡妈妈",只能跑动避开"鸡妈妈",抓"鸡妈妈"后面的"小鸡"。"鸡妈妈"张开双臂跑,可以抓、拽、推、抱"老鹰",尽量拦住"老鹰",护住"小鸡"。"鸡妈妈"在拦的同时,可以大声喊着"'老鹰'从哪边过来了"等话语,告诉自己身后的"小鸡"们。

3. "鸡妈妈"的身体可以不断移动,与此同时,"鸡妈妈"身后的"小鸡"们也随之跑动。万一"老鹰"突破了"鸡妈妈"的防线,快要抓住后面的"小鸡"时,"小鸡"可以立即蹲下,双手捂住耳朵,这样"老鹰"得重新站在"鸡妈妈"的对面,游戏重新开始。

4. 如"小鸡"被抓住或散开,即为一轮游戏结束。下一轮开始时,被抓住或散开的"小鸡"当"老鹰",原来的"老鹰"排在"鸡妈妈"身后当"小鸡"。

### 游戏意义

锻炼身体,培养团结互助意识,提升灵活机动、随机应变的能力。

游戏名称　踢毽子
道　　具　毽子
场地说明　平坦宽敞的空地
参与人数　不限，一人或多人均可

# 踢毽子

## 游戏规则

此游戏可单人踢也可多人踢,有多种玩法。如:

1.对抗踢。对抗方式有双人对抗和多人对抗等,以连续踢到毽体且毽子不落地的次数来计数,数量多者为胜。其对抗形式可分单脚踢和双脚踢,还可组合其他花样,具体组合方式由参与者商量决定。

2.花样技巧比赛。常以肩、背、胸、腹、头与两脚配合,做出各种姿势,使毽子缠身绕腿、翻转自如而经久不落地。一些高难度动作包括"雾里看花""苏秦背剑""倒挂紫金冠""朝天一炷香"等等。

3.多人健身踢。即不分人数多寡,大家围成一个圆圈,你一脚我一脚,到谁跟前谁踢,不计胜负,重在强身健体。

## 游戏意义

增强运动机能,加速新陈代谢;增强关节的稳定性和灵活性;缓解心理压力,调整身心状态。

**游戏名称** 打讨吃（别名：打乞丐）

**道　　具** 高度不一的石块、砖块

**场地说明** 室外平坦的空地

**参与人数** 最少五人

# 打讨吃

## 游戏规则

这是一个多人游戏,最少五人。五块石块各代表一个角色:"皇帝""左耳""右耳""翻译官""讨吃"(乞丐)。人多时还可机动加设别的角色。

1. 将代表五个角色的石块按照特定位置立于选定的场地上,并在五至十米外画一条投掷线。五位玩家提前确定好投掷顺序,准备好各自用的投掷石,在投掷线处瞄准心目中的角色进行投掷。若没击倒,需等下一轮再继续投掷,直到击倒哪个,自己就扮演哪个角色。若一次性击倒目标则不参与下一轮投掷,一人只能扮演一个角色。若同时倒下多块立石则以先击倒的为准或者以最高的为准。四块立起的石块都被击倒时,第五位不需投掷,直接扮演剩下的角色。

2. "皇帝"负责发号施令。"翻译官"相当于传令官,负责传达"皇帝"命令,要大声说出。"左耳""右耳"相当于护卫,"左耳"在左边、"右耳"在右边押着"讨吃",执行"皇帝"的指令,如揪耳朵、打屁股、刮鼻子等。"讨吃"服从命令,配合"左耳""右耳"。

3. 此游戏"皇帝"的指令要以逗乐为主,可以有惩戒,但不可失分寸。"左耳""右耳"在执行过程中也要有分寸。指令一般发出三至五次。

## 游戏意义

锻炼瞄靶能力;体会不同角色的内在意义,从而提高游戏者对社会活动的认知能力。

游戏名称　过堂受审
道　　具　笔和纸
场地说明　随处可玩
参与人数　三人

# 过堂受审

## 游戏规则

1. 游戏前，先制作三个纸阄儿，用笔在纸上分别写"法官""打手""小偷"，然后各自抓取一个阄儿。

2. 三人展开纸阄儿，声明自己的角色。扮演"法官"的要大声念"抽签儿，抽签儿，今天我当个清官儿"。扮演"打手"的要大声念"走运了，走运了，今天惩恶手硬了"。扮演"小偷"的要大声念"倒霉了，倒霉了，今天摊上大事了"。

3. 游戏时，"法官"先找个高台（小土堆、石头、凳子上均可）坐下，"打手"揪着"小偷"跪倒在"法官"面前过堂受审，审问内容可临时设置，如"法官"可问："大胆的小偷，你可知罪？你在某年某月某日偷某东西了？""法官"可发号施令对"小偷"进行惩戒；"打手"随时执行命令，惩罚"小偷"，如"金瓜击顶""钢刀刹手""扯耳朵""揪鼻子"等。"小偷"或百般狡辩，或跪地求饶；直到"法官"说"今天饶你不死，以后不许再犯"，"小偷"说"再也不敢了"时，本轮游戏结束。然后重新抓阄，依据同样的规则开始下一轮游戏。

## 游戏意义

游戏过程中潜移默化地对参与者进行遵纪守法、正直做人的教育，增强其公德意识和法律意识。

**游戏名称**　顶悠儿

**道　　具**　用能竖立在地面且大小能用手握住的石片、瓦片或砖头作为悠儿,每人准备两块悠儿,一块作为目标用,一块用来击打

**场地说明**　平坦的空地

**参与人数**　两到三人

# 顶悠儿

## 游戏规则

先在间距两米左右的位置各画一条横线，一方将悠儿竖置在一条线处，另一方用自己的悠儿从另一条横线处去顶（击）对方的悠儿。

1. 两人玩时，相互对抗；三人玩时，击打目标随机，但第一步打哪个悠儿，下一步就只能击打该悠儿。

2. 顶悠儿分四步进行：第一步为"头砸干"，站在一端的线上，用手中悠儿猛地将对面线上的悠儿击倒；第二步为"扭子磕"，站在线上将悠儿抛至对方悠儿附近，然后单腿跳上前去，猛转身用脚后跟磕自己的悠儿，目的是将对方悠儿碰倒；第三步是"前打后压，毛猴猴摇刹"，站在线上把手中的悠儿扔至对方悠儿的附近，单腿跳上前去蹲下，用自己的悠儿在对方悠儿前面碰一下，再从后面将其压倒，然后把对方的悠儿扶起来，将自己的悠儿立在上面，身体故意摇晃；第四步为"赤脚连连上长界"，把对方的悠儿向后推两米，然后站在投掷线上，将自己的悠儿放在脚背上，用脚踢出悠儿去击倒对方的悠儿。

3. 以上四步，如有一步不成功，则轮另外的参与者进行。每轮需从第一步重新开始，最先能连续完成四步者为胜。

## 游戏意义

培养规则意识，耐心和坚持不懈的品质；锻炼四肢的灵活性，提高动作的精准性。

游戏名称　滚铁环

道　　具　铁环和推动铁环前进的长柄。铁环制作方法：用钳子将铁皮或粗铁丝线弯曲成圈即可，大小如桶口。尽可能做得圆一些，有利于滚动。长柄制作方法：可用约一米长的小棍子或竹竿，顶端嵌一个U形的铁钩子，或者可以直接用一条一头弯成钩形的铁丝。农村的孩子还可用高粱秆制作，将一根大约两米的高粱秆折成两腰长是底边长的五至六倍的等腰三角形

场地说明　平坦宽敞的空地

参与人数　不限，一人或多人均可

# 滚铁环

## 游戏规则

此游戏有单人和多人玩法。

1. 单人玩：游戏者手持长柄，推动铁环在地面上滚动，人跟着铁环跑，努力保持铁环不倒，滚得越远越好。

2. 多人玩：参与者进行竞赛，比试谁的铁环滚得快滚得远。可以组织五十米或者一百米竞赛、一百米障碍赛（如绕树丛、过水坑等），还可以进行接力赛等，由参与者协商决定比赛的方式、规则。

## 游戏意义

锻炼游戏者身体的平衡性、肢体的协调性，提高四肢灵活性；享受运动的乐趣，保持健康的体魄、顽强的意志和旺盛的精力。

**游戏名称**　夹粽子
**道　　具**　筷子（小木棍等），"粽子"（沙包一类），秒表
**场地说明**　平坦宽敞的空地
**参与人数**　多人

# 夹粽子

### 游戏规则

一般将参与者分组进行对抗,各组人数相同。不参与对抗的人当裁判,负责计时,并统计各组所夹"粽子"的数量。

1. 在场地两端相距大约十米处分别标出起点和终点。将"粽子"放在起点处。

2. 裁判开始计时,各组队员同时开始游戏。组员用手拿一双筷子,夹住"粽子",从起点跑到终点。每人跑完一个单程停下,本组下一名成员接替。若"粽子"掉在地上,需重新用筷子夹起"粽子"向终点跑。在规定时间内,哪组队员夹到终点的"粽子"数量最多,哪组就取得胜利。

### 游戏意义

锻炼游戏者手的灵活性和手脚配合的协调能力;提高游戏者的合作能力,增强游戏者的集体意识。

**游戏名称** 贴膏药(别名:贴烧饼)
**道　　具** 无须道具
**场地说明** 平坦宽敞的空地
**参与人数** 多人

# 贴膏药

## 游戏规则

此为多人游戏，人数越多越有趣。

1. 游戏者围成圆圈，每两人或三人身体靠近组成一组，组与组间隔两臂距离。

2. 游戏开始时，先商定两名自由人，一人为追人者，另一人为被追者，两人绕圈外跑动追逐。当被追者即将被抓到或者不想再逃跑时，可以用身体一侧贴紧任意一组站在外侧的一名游戏者，临时加入这组。这时，这一组站在另一边最外侧的人需脱离这组，成为新的被追者，游戏继续。

3. 如果被追者在逃跑过程中被追人者抓到，两人的角色对调，原来的被追者成为新的追人者，原来的追人者成为新的被追者，游戏继续。

## 游戏意义

培养游戏者机体的灵活性、协调性；锻炼反应能力、奔跑能力以及下肢力量。

**游戏名称** 斗鸡(别名:撞拐、斗拐)
**道　　具** 无须道具
**场地说明** 空旷平坦的室外
**参与人数** 两人或多人

# 斗鸡

## 游戏规则

1. 所有游戏者一脚独立，另一脚用手握住，膝盖朝外，用膝盖去攻击对方，若对方双脚落地，就算击败了对方。

2. 游戏可以有多种玩法。单挑：两个人互相对撞，一方双脚落地则为败。单人守擂：由一人出来守擂，其他挑战者与其对阵。输者淘汰，胜者继续守擂，直到无人挑战为止。三人撞：两个实力稍弱者齐心协力对付一名实力稍强者，两人轮番撞击对手，直至其双脚落地。四人对擂：双方各两人，一主将一副将，两方互相对抗。一般是先集中力量攻击对方某一人，待其中一人被击败后，再围攻另一人。

游戏还可以借鉴军棋下法混战，主要分为两种。一种是歼灭战。双方人数相当且相隔十余米，一声令下冲向对方，以全歼对方为胜。双方各自可划定兵营作为休息地，在营地内对方不能攻击，但仍需单脚独立，且不能总待在兵营内耍赖，如果待在兵营里休息超过时限（游戏者约定），则被判负。另一种是夺旗战。玩法是在双方队形后放一砖头或书包、棍子等物作为"军旗"，双方巧妙布阵，设法尽快将对方"军旗"抢回自己的军营中，先取得对方"军旗"者为胜。

## 游戏意义

锻炼游戏者的身体平衡力以及意志力；培养游戏者个人的爆发力和防御能力，以及与他人合作的意识。

**游戏名称** 跨大步

**道　　具** 无须道具

**场地说明** 操场或平坦空旷的地方

**参与人数** 四人以上

# 跨大步

## 游戏规则

将参与者分成两组，每组两人或以上。

1. 两组队员站成前后两排，前后左右相隔一臂距离，面朝同一方向站好。

2. 游戏开始，前面一组全部跨一大步出去，落地立稳，不许转身，不许移动着地的脚，同组成员之间可以互相搀扶。然后，另一组以同样的规则跨步。每次跨完一步，后出发的这一组的人可以从背后"抓"先出发的那一组的人。只要被抓到了，这个人就要出局。

3. 同组成员可以互相帮扶，比如左右的人可以扶着另一队友，使其前倾去"抓"（即触碰）对手，注意不能移动脚或是身体着地，而对手需想方设法躲着他们，身体尽可能向前倾。如果先出发的一组人全部被"抓"到了，两组就互换角色，开始新一轮游戏。

## 游戏意义

游戏中相互闪躲，可以锻炼身体的平衡能力；对抗中相互支持、相互救援，可以培养团队的团结协作意识，增进友谊。

游戏名称　挤牙膏（别名：挤门缝）

道　　具　无须道具

场地说明　有墙体的空地

参与人数　多人

# 挤牙膏

## 游戏规则

1. 游戏者靠墙而立，以肩部的力量使劲向中间挤。

2. 若被挤出，需要重新加入"战斗"，再向中间挤，如此反复进行。有时，游戏时还可以配合念唱自编的儿歌，比如，"挤、挤、挤牙膏，看看谁被挤出来"等。

## 游戏意义

简单易行，富有情趣，培养游戏者知难而上的品质和努力拼搏的精神。

游戏名称　丢筷子

道　　具　筷子，空瓶

场地说明　空地

参与人数　两人或多人

# 丢筷子

### 游戏规则

每名参赛者站直身子，立于空瓶正前方。

1. 游戏者手持数支筷子，瞄准瓶口，将筷子准确地投入瓶中。
2. 游戏时，筷子的最下端须距离瓶口一定距离（具体由大家商定），最终，以投进瓶中的筷子数决定胜负。

### 游戏意义

训练游戏者的视力及动作的协调性；在看似简单的游戏中培养游戏者的专注力与耐心。

游戏名称　村民搬家

道　　具　无须道具

场地说明　室外空旷的地方或者直接选择两处有
　　　　　土堆且相距不远的地方

参与人数　多人

# 村民搬家

### 游戏规则

1. 画场地。选一空旷的场地,画两个直径约为三米、相距大约十米的圆圈代表两个村庄,并写上胜利村、兴旺村等村名,在两圆圈中间画一个边长约为两米的正方形,作为"拦路虎"的"虎穴";或者直接选用合适的两个小土堆代表两村庄,在两土堆的中间画一圆圈代表"拦路虎"的"虎穴"。

2. 分角色。参加本游戏需四人以上且为双数,人多时更有趣儿。先推选一人当裁判,再选出一位较为强壮的游戏者扮演"拦路虎",站在"虎穴"中,然后将剩余人平均分为两组,分别站在两村庄内。

3. 当裁判下达开始的口令后,两村庄的村民便可同时开始搬家,由自己的村庄向另一村庄转移,中途必须从"虎穴"中通过。搬家时村民相互配合,千方百计地躲闪"拦路虎"的抓捕,若被"拦路虎"抓住就得退出游戏,若顺利到达另一村庄就为搬家成功者。整个过程中"拦路虎"不得跑出"虎穴"。直至有一方的村民全部被"拦路虎"抓住,或者其中一方的村民全部成功搬家,一轮游戏结束。不尽兴时按照同样的规则继续进行下一轮游戏。

### 游戏意义

游戏过程中参与者跳跃腾挪、躲闪追逐,运动量很大,能有效促进心肺功能和全身肌肉的锻炼;提升游戏者之间的合作能力,从而促进其社会性的发展。

游戏名称　蹬洗脸盆

道　　具　洗脸盆

场地说明　平坦的空地

参与人数　三人或多人

# 蹬洗脸盆

### 游戏规则

游戏参与人数由脸盆的大小决定，盆小只能供三人玩儿，盆大则可供多人玩儿。

1. 将洗脸盆放到场地中央，游戏者围着洗脸盆手拉手站成一圈。
2. 几个人同时抬起左脚或右脚，用力以顺时针或逆时针方向蹬脸盆边缘，使脸盆离开地面转动起来，由慢而快直至因某人失误而脸盆失去平衡停止转动为止。本轮结束，换另一只脚重新玩儿。
3. 动作要领是手要拉紧，身体尽量向后倾，用力方向要一致。

为了动作的协调，游戏者通常边蹬盆儿边念儿歌："盆、盆、盆，蹬、蹬、蹬；用力蹬，往前行；你要去哪里？坐车去进城。"

### 游戏意义

培养游戏者自身的平衡能力，动作的协调能力；锻炼游戏者的团结协作能力。

**游戏名称**　拉大锯

**道　　具**　无须道具

**场地说明**　炕上、床上或在平整的地上

**参与人数**　两人

# 拉大锯

## 游戏规则

两个孩子对坐,两腿伸直、脚掌相抵、手指互勾;或大人与孩子对坐,将孩子两腿放在大人的小腿间,手互拉。

甲俯乙仰,甲仰乙俯……俯仰尽可能幅度大些,但脚不能离开地面。这样,一俯一仰、一来一往犹如两人对拉大锯。

有的地方管这种游戏叫筛箩或筛箩箩,还有的边做游戏边唱儿歌:"拉大锯,扯大锯,锯木头,盖房子。姥姥家,唱大戏,接姑娘,请女婿,小外孙,你也去。"

## 游戏意义

训练游戏者手臂的力量;边玩游戏边学儿歌,一方面可以培养游戏者对文字的敏感性,促使其发音准确,另一方面有助于其学会与同伴合作。

**游戏名称** 跳皮筋（别名：跳橡皮筋、跳橡皮绳、跳猴皮筋）

**道　　具** 长五米左右的皮筋

**场地说明** 平坦宽敞的空地

**参与人数** 三人以上

# 跳皮筋

## 游戏规则

此游戏可以三人、五人,甚至更多的人一起玩。如果皮筋数量充足,还可分组进行比赛。

1.游戏时,先由两个人各持一端将皮筋抻长牵直固定住,然后其他人按规定动作轮流跳皮筋。

2.皮筋高度从抻皮筋的人脚踝处开始,逐步上升到膝盖,再由膝盖处升到腰部、胸部,最后一直上升到肩头甚至头部。随着皮筋高度的上升,踏跳的难度也越来越大。但是,无论在哪个高度,踏跳者均不允许用手勾住皮筋,而只能用双脚踩着皮筋踏跳。若皮筋没抻到规定位置或中途跳错,则换另一个(组)人踏跳。最终,以先完成规定动作者为胜。

3.在跳皮筋时,通常伴唱儿歌。孩子们边跳边唱,跳皮筋的动作极富韵律感。

歌曰:小皮筋,嘀嘀嘀,马兰花开二十一,二五六,二五七,二八二九三十一,三五六,三五七,三八三九四十一,四五六,四五七,四八四九五十一,五五六,五五七,五八五九六十一……九五六,九五七,九八九九一百一。

**游戏意义**

　　跳皮筋是在两脚交替踏跳中完成各种动作的全身体育运动，它简便、趣味性强，因而深受广大青少年的喜爱，极易在中小学生中广泛普及，有利于保持身心健康；增强心肺功能，促进新陈代谢；锻炼弹跳力和平衡力，增强腿部和腰部的灵活性、柔韧性。

# 智能与体能结合的游戏

**游戏名称** 挑棍（别名：撒棒）

**道　　具** 约十厘米长的小棍（如细竹签或者雪糕棒）

**场地说明** 平整的地面或桌面皆可

**参与人数** 两人

# 挑棍

### 游戏规则

玩者各持数量相同的小棍,用"石头剪刀布"决定玩的顺序,赢者先玩。

1. 双方将各自的小棍抓在手里垂直撒下,手里留一根。
2. 待小棍撒开后,用手里留下的一根小棍作为挑棍,将撒下的小棍一根根地挑出来拿在手中收回,但不能动或碰到别的小棍。失手则换另一个人玩。
3. 谁收回的小棍多,谁就是赢家。

### 游戏意义

锻炼游戏者的注意力、观察力、判断力和分析能力,以及手眼协调能力和手指灵活性。

游戏名称　猜拳行令
道　　具　无须道具
场地说明　随处可玩
参与人数　两人或多人

# 猜拳行令

### 游戏规则

一般为两人。人多时两人一组分组进行，相互对抗。

两人同时各伸出一只手，用攥起的拳头和伸出一到五个手指，分别表示从零到五这几个数字：拳头为零，大拇指为一，八字指为二，OK指为三，四指为四，五指为五。与此同时，嘴里喊出从零到十的数字，如果两人伸出的手指表示的数字相加的和，正好与其中一个人嘴里喊出的数字相同，那么这个人就算赢了。比如，一个人出"三"，另一个人出"四"，一个人喊了"七"，另一个喊了"六"，那么这个喊"七"的人就赢了；再如，一个人出"零"嘴里喊出了"三"，而另一个出"三"可嘴里喊的"七"，那么喊"三"的就赢了。

两人都猜对或都猜错，则继续游戏，直到决出输赢。

### 游戏意义

活跃气氛，沟通情感；锻炼瞬间反应和快速计算能力。

游戏名称　鸭子过河
道　　具　无须道具
场地说明　室外空旷的平地
参与人数　最少五人，人越多越好玩儿

# 鸭子过河

### 游戏规则

1. 先用粉笔或树枝在选好的场地上画两条相隔大约五米的平行线当作河岸,两线之间相隔大约两米画出过河的路线。

2. 推选一人当裁判,其他人分成人数相等的两组进行对抗。分组时根据具体情况而定,可以男生对男生,也可以女生对女生,还可以男女混合。

3. 分好组后,两组队员分别以前后顺序站成两列,都站到河岸同一侧指定的过河线的起点处,然后各队队员从后往前依次抱住前一队员的腰部再蹲下,待裁判员下达"开始过河"的口令时,一齐像鸭子一样往前"蹲行",中途不能站起,也不能坐在地上,更不能松手脱离前面队员。如果队伍散乱了可以暂停调整,但这样会耽误时间,最后以先到达对岸者为胜。稍作休息,还可根据相同规则继续玩儿。

4. 技术要领是模拟鸭子划水的动作两脚移动,全组队员最好喊上统一的口令,左摇右摆,协调前行的节奏,这样就不会乱了阵脚。如果组织好了,口号声此起彼伏,前行时身体左右晃动,特别有趣儿。

### 游戏意义

培养游戏者的合作意识,增强其集体观念,增进彼此间的友谊,促进其社会性的发展;锻炼全身的肌肉组织,增强各关节的灵活性;促进游戏者的"脚脑并用",使其各种机能协同发展。

**游戏名称** 不倒翁（别名：推手）

**道　　具** 无须道具

**场地说明** 随处可玩

**参与人数** 两人或多人

# 不倒翁

### 游戏规则

1. 一般男生对男生女生对女生，两人相隔两臂距离面对面自然站立。

2. 游戏时两人平举手臂用两掌相互推，发力时要求两腿站直，腰以上可前伸可后仰，可左右晃动，但双脚不能移动，谁动谁输。双方均可虚实结合，斗智又斗勇，如果双方实力相当，则你来我往，前俯后仰，或采用假动作来"闪"对方，或可凭实力进攻，使对方失去平衡而移动双脚，特别有趣。一般采用三局两胜的规则，胜者为"不倒翁"。一轮结束后，休息一会儿，交换位置后还可接着玩儿，直到尽兴为止。

3. 人多时可根据身高体重相仿的原则两人一组自行组合，采用淘汰制，每组的胜出者再分组对决，直到决出最后的"不倒翁"为止。

### 游戏意义

训练游戏者保持平衡的能力；激发游戏者坚持不懈的持久力。

游戏名称　跑格子

道　　具　粉笔、扁平小石块或布沙袋,作为"子"用

场地说明　室外比较平坦的地方

参与人数　两人或多人

# 跑格子

## 游戏规则

用粉笔或其他工具在地面上画出格子，格子组合可自由设计，如"品"字形、"田"字形、"宝塔形"、"凸"字形、"凹"字形等等，再由近至远依次写上数字，在距离第一格适当位置处，画一条线作为起跳点。以猜拳或其他方式决定玩的顺序。

游戏者站在起跳处，必须单脚（中途不可换脚）一次一格或两格或三格按顺序往前踢"子"，每次跨度必须一致，"子"不得越格，不得压线，否则判为失误。

中途失误，可在下一次轮到时从失误格开始，继续往前跳。先跳完所有的格子者为赢家。

## 游戏意义

培养游戏者沉着应战的心理素质；提高游戏者跳跃、奔跑和保持身体平衡的能力；培养游戏者团结、协作和锻炼身体的意识。

**游戏名称** 牛气冲天

**道　　具** 小气球或蓬松的鸡毛、鸭毛、鹅毛等

**场地说明** 室外空旷的地方

**参与人数** 多人

# 牛气冲天

## 游戏规则

找一块空旷的长约十米、宽约五米的长方形场地，画出边线，并在中间画一条线将其等分，或在场地上方空中拉一条绳子（相当于隔网），作为双方场地的分界线。

1. 将参与者分为人数相等的两组，分别占有一块场地。推选一位大家信得过的人作为裁判，负责掌控并监督游戏过程。

2. 裁判发出"开始"口令后，各组队员分工协作，尽力将裁判抛出的气球或羽毛吹到分界线另一边的对方的场地内。游戏时游戏者只能用嘴吹气球或羽毛，不能用身体的其他任何部位接触气球或羽毛，同组队员可以个人连续吹气也可多人配合吹气，但被吹的气球或羽毛不能落地，也不能吹出场外。

3. 一旦气球或羽毛被吹过中界，则该组获胜，当然，对方可用同样的方法全力阻止气球或羽毛过界。

## 游戏意义

这是很有趣的群体游戏，游戏者在"吹逐"飘忽不定的气球或羽毛的过程中，俯仰蹦跳，你来我往，其乐无穷；锻炼游戏者的四肢和心肺功能；提高游戏者的团队合作能力。

**游戏名称**　翻花绳（别名：翻架架、线翻花、翻花鼓、挑绷绷、解股等）

**道　　具**　粗细适中的棉线、毛线或皮筋，长度一米左右，将绳两头打结，形成密闭圈

**场地说明**　随处可玩

**参与人数**　不限，单人、两人、多人均可

# 翻花绳

## 游戏规则

1. 先将线绳环绕于双手，然后撑开，准备动作就做好了。
2. 翻花绳分单人和双人两种，人多时可分组。

单人的玩法是将绳圈套在双手上，用双手手指或缠或绕或穿或挑，经过翻转将线绳在手指间绷出各种花样来，如绷成"降落伞"，或者"松紧带"等形状。

双人翻花绳的玩法是：一人用手指将绳圈绷成一种花样，另一人用手指接过来，翻成不同的花样，相互交替，直到一方不能再翻下去为止。

## 游戏意义

锻炼观察能力和手指的灵活性；培养耐心；提高合作意识和合作能力；激发空间想象能力。

**游戏名称** 拍洋画（别名：扇洋片、拍扇号）
**道　　具** 将印有历史故事、花鸟鱼虫等图案的画片，一幅一幅单独剪开
**场地说明** 平坦宽敞的空地，以室外的平整水泥地为佳
**参与人数** 两人或多人

# 拍洋画

## 游戏规则

一般适合两人玩，人多时可分组。通过"石头剪刀布"的规则，决定玩的先后次序。先者为甲，后者为乙。

1.乙将自己的洋画放在地上，甲手持自己的洋画，用力在空中划过一条弧线，使之落地。洋画脱手落地时要尽力落在紧靠对方洋画的一侧。如果甲的洋画落地后能利用气流掀翻对方的洋画，则能赢取这枚洋画。

2.拍洋画时，有多种玩法。比如：正拍，即把洋画的正面朝上，反面朝下，用手拍打，使正面翻转向下者为胜，否则拍击权即转交对方；反拍，即把洋画的正面朝下，反面朝上，用手拍打，使正面重又向上者为胜，否则拍击权即转交对方；双翻，即一次拍打使两张洋画同时翻转者获胜，如只有一张洋画翻转，则视为失败，拍击权即转交对方；一条龙，又叫"清一色"，拍打者必须依次将地面上所有洋画"拍反"，否则视为失败，拍击权即转交对方；满堂红，又叫"过三关"，限定每人每次只能出一或两张洋画，拍击者需将地面上所有的洋画"拍反"，然后再将这些已翻转的洋画全部"拍正"，接着还要挥手扇风，利用气流之力将洋画"掀翻"，连续通过三关者，方可赢得全部洋画。

## 游戏意义

纸片上面通常印有各式各样色彩丰富的图案，可以培养感知美的意识；锻炼手臂的力量和控制目标的准确性；在玩的过程中通过图片学到知识；掌握各种用力的技巧。

游戏名称　老狼老狼几点了
道　　具　无须道具
场地说明　室外空旷场地
参与人数　多人

# 老狼老狼几点了

### 游戏规则

划定"老狼"与"小羊"各自家的范围。一人扮"老狼",其他人扮"小羊"。"老狼"站在离"小羊"大约十米远处且背向"小羊"。"小羊"面向"老狼"随机站立。

1. 游戏开始后,"小羊"问:"老狼老狼几点了?"然后根据"老狼"回答的时间往前向"老狼"跳跃。比如,"老狼"回答:三点了。"小羊"就往前跳三步,然后继续问答。

2. 当"老狼"感觉到"小羊"离自己比较近了就回答:"十二点开饭啦。"然后就掉头捉"小羊"。当"小羊"听到"老狼"回答"十二点开饭啦"时就快速往家跑,因为"老狼"一报十二点就意味着追捕开始了,而"小羊"只要跑回自己的家中"老狼"就不能追捕了。

3. 如果有一只"小羊"被"老狼"抓住,被抓住的"小羊"再扮演"老狼",游戏重新开始。

### 游戏意义

锻炼游戏者追跑、急停、躲避、跳跃的能力;锻炼游戏者的注意力以及敏捷的反应能力。

**游戏名称** 真假孙悟空

**道　　具** 无须道具

**场地说明** 平坦宽敞的空地

**参与人数** 多人

# 真假孙悟空

## 游戏规则

在选好的场地中心画出各角色区域，双方大约相隔两米。

1. 参与者协商定出三分之一为追逐者，三分之二为被追者。双方各自站在自己角色的区域。

2. 游戏开始后双方跑动追逐。若被追者想避免被追到，可以在适当的时候说出"孙悟空"这三个字，然后追的人问"是真是假"，如果被追者回答"真"，则被追者站在原地不动，追者不能再追，迅速改追其他人，这时刚才定住的人可继续跑动；如果被追者回答"假"，则被追者也不能动，只能等待队友来救，附近队友可马上抢答"真"，并立即跑到该"假"孙悟空的位置上替换他，该"假"孙悟空便可以伺机逃走，然后继续跑动。

## 游戏意义

锻炼参与者的奔跑能力、快速反应能力；培养团队合作精神和个体的抗挫折能力。

**游戏名称** 官打捉贼

**道　　具** 四张纸上分别写上"官""打""捉""贼"

**场地说明** 平坦宽敞的空地

**参与人数** 最少四人

# 官打捉贼

## 游戏规则

四人一组，选出一人把分别写着"官""打""捉""贼"的四张纸条抛向空中，每个人拿到一张纸条，并扮演纸条上的角色，完成角色的任务。

"官"是发号施令的；"打"是打手，惩罚贼人的；"捉"是捉贼的；"贼"就是逃跑的。

当"贼"被捉住时，"官"即发号施令进行处罚，处罚措施可花样百出，但动作要轻微，点到为止。当这一轮程序完成后，重新开始下一轮游戏。

## 游戏意义

在行使各自职能的过程中，获得责任感和成就感。

游戏名称　三个字

道　　具　无须道具

场地说明　平坦宽敞的空地

参与人数　三人或多人

# 三个字

### 游戏规则

参与者至少要三人,用猜拳的方式选出一人为抓人者,其余人为被抓者。

游戏开始后,被抓者在场地跑动,抓人者去抓被抓者,当被抓者快被抓住时要说出三个汉字。这三个字是关键,必须能组成一句话,能表达一个完整的意思,如"抓坏人""上课了""你输了""坐火车""火龙果""看电视"等,否则算输。当被抓者表述成功时就可定在那里不动,抓人者不能去抓,其他人拍一下定住的被抓者他则能继续跑。

如果只剩一个没定住的人,那么那个人可以说"全家福",则所有人就可以继续跑了。

如果让抓人者抓到,或者说了三个字后没有定在那里不动,则此人就变成抓人者。如此反复。

### 游戏意义

锻炼游戏者反应的灵敏性;强身健体;学会令行禁止;培养合作意识;促进游戏者口头表达能力的提升。

**游戏名称** 冰棍化了（别名：冰棍化水）

**道　　具** 无须道具

**场地说明** 宽阔无障碍的场地

**参与人数** 多人

# 冰棍化了

### 游戏规则

此为多人游戏,参加人数不限。通过协商或其他方式决定其中一人为抓人者,其他人为被抓的人。

游戏开始后,被抓的人在场地里分散跑,抓人者去抓他们。当被抓的人快要被抓到时喊"冰棍!"并立即静止不动就可以保护自己。等到抓人的人跑开后,再喊"化了!"就可以继续自由跑了。若被抓到,互换角色继续游戏。

### 游戏意义

锻炼游戏者的运动机能和技巧;培养游戏者的合作习惯和友好的游戏态度;培养游戏者的规则意识。

游戏名称　戴草帽
道　　具　无须道具
场地说明　户外开阔地
参与人数　五人以上

# 戴草帽

## 游戏规则

游戏前所有人用"石头剪刀布"的办法决定游戏角色,输的人成为追逐者,其余皆为被追逐者。

游戏开始后,被追逐者在游戏场地奔跑,追逐者在后面追,只要抓住一个人即为胜利。被追逐者在跑的过程中可以使用保护自己的方法,即在快被捉住的时候大喊一声"戴草帽",这时追逐者和被追逐者都停止不动。追逐者需要问"戴给谁",被追者有两个选项:一是戴给自己,二是戴给别人。逃跑者喊"戴给××",××就是新一轮的追逐者;若喊戴给自己,那么自己便成为下一轮的追逐者。如此循环玩游戏。

## 游戏意义

锻炼游戏者的反应速度;通过追、跑增强游戏者的身体素质;使游戏者懂得遵守规则的重要性;促进游戏者之间友情的发展。

**游戏名称** 全国人民大解放（别名：西瓜爆炸）

**道　　具** 无须道具

**场地说明** 宽阔无障碍的场地

**参与人数** 五至十人

# 全国人民大解放

## 游戏规则

先用猜拳的方式选一人来做抓捕者,其他人为被抓者。抓捕者和被抓者相距两三米。

游戏开始后,被抓者在游戏场地迅速跑动躲避抓捕者,抓捕者在后面追。当有人快被抓到时立即说"定",抓捕者就必须在原地站立不动。而说"定"的人就成为抓捕者,游戏继续。

直到参加游戏的所有人只剩一人抓捕一人逃跑时,逃跑者就说"全国人民大解放"(或"西瓜爆炸"),这时所有的人均可跑动,抓捕者继续抓捕。新一轮游戏开始。

## 游戏意义

锻炼游戏者跑、跳、平衡等运动技能;培养游戏者的社会交往与分工合作的能力;锻炼游戏者的自控力。

**游戏名称** 红灯绿灯小板凳停

**道　　具** 粉笔(画线用)

**场地说明** 平坦宽敞的空地

**参与人数** 三人以上

# 红灯绿灯小板凳停

## 游戏规则

人数最少三人,越多越好,选出一人当发令人。

1. 发令人背对着其他人与其朝同一方向站立,二者间隔大约十米的距离。

2. 发令人说出"红灯绿灯小板凳"之后,其余人开始朝发令人跟前跑,当发令人说出"停"并回头看时,奔跑的人必须立即原地静止不动,否则谁动谁出局。

3. 循环喊下去,直到有人用手拍到发令人身体的任何部位。之后,拍人者立即转身返向起点跑,往回跑时规则同前,能无失误地跑回起点的人即为获胜者,并成为下一轮的发令人。

## 游戏意义

训练游戏者的身体灵敏度和反应能力;提升自我约束能力,养成规则意识及团队合作意识,从而促进游戏者社会属性的发展。

游戏名称　回头看

道　　具　粉笔（画起点线用）

场地说明　操场或宽敞的平坦区域

参与人数　三人以上

# 回头看

## 游戏规则

其中一人当发令者，背对着大家，喊"一二三，回头看"。其他孩子站在一条距发令者大约十米远的起点线上。

当发令者喊"一二三"时，众人可随意行走；当喊到"回头看"时，发令者做回头看的动作，众人必须立即停止不动，否则就算违规，退出游戏。

发令人持续发口令，其他人听口令行走或站定，谁先到终点用手拍到发口令者谁为胜者，并成为下一轮的发令人。

## 游戏意义

学会令行禁止；学会自控；培养游戏者对室外运动的兴趣。

游戏名称　木头人
道　　具　无须道具
场地说明　随处可玩
参与人数　多人

# 木头人

## 游戏规则

几个小孩子围在一起,嘴里念着"我们都是木头人,不许说话不许动",然后,每个人都摆出固定的姿势保持静止不动。其中,谁能坚持到最后,谁就是胜利者。此游戏虽说简单,但孩子们却是乐此不疲。

## 游戏意义

培养规则意识,使游戏者懂得令行禁止,学会控制自己的情绪;促进游戏者彼此之间的情感交流,拉近心理距离。

游戏名称　火车钻洞
道　　具　无须道具
场地说明　室外空旷的地方
参与人数　多人，最好为单数

# 火车钻洞

## 游戏规则

画场地。先在选好的场地上画多个偶数小圆圈,每两个圆圈相隔三十厘米并排为一组,每组表示一个山洞,各组之间相距大约十米远,分别标上一号山洞、二号山洞、三号山洞……人多时可多设置几个,山洞与山洞之间用线连接起来当作铁轨。

大家推选一人当乘警,站在队伍旁边。其他游戏者站成一列纵队,后面的游戏者用手拽住前面的游戏者的衣服。当乘警发出"开始"的口令时,大家大声说:"火车火车呜呜响,咔嚓咔嚓过山冈,钻山洞,过大桥,运粮运货运输忙。"当火车开到一号洞口时,乘警说:"钻山洞了!"这时处在排头的两个人变为两路并同时举手过头顶相握,搭成山洞状,后边的其他成员依次钻过。待排尾的人钻过山洞后,扮作一号山洞的两人便跟着排在队尾,队伍继续向二号山洞行进。依次用同样的方法钻过其他的山洞。

值得注意的是,在过山洞的过程中,火车不能碰到山洞,也就是钻山洞的人不能碰到搭山洞的人,谁碰到了谁就主动到队伍的最后当排尾去。当乘警说:"到站了。"大家一起发出"嗤——"的鸣笛声,火车停下,一轮游戏结束。如不尽兴,可依同样的规则继续游戏。

## 游戏意义

开发游戏者的想象和模仿能力;培养游戏者的纪律观念和集体观念。

**游戏名称** 抬轿子（别名：颠轿子）

**道　　具** 无须道具

**场地说明** 平坦宽敞的空地

**参与人数** 三人或多人

# 抬轿子

### 游戏规则

　　三个人玩，人多时可三人一组分组玩。一人扮新娘，两人扮轿夫。当轿夫的人一般是有力的男孩儿，而新娘则一般由小巧的女孩儿充当。

　　两个轿夫四只手在腕部交错相握形成"轿子"（一人左手握右手的手腕或右手握左手的手腕，另一人姿势相同，然后两人互握对方手腕），扮新娘的人跨坐在上面。轿夫边走边唱儿歌："吱呀吱呀动，齐咯齐咯砰，花轿抬新娘，噼里啪啦轰。"

　　分组玩时可以相互比赛，哪组坚持的时间长则为优胜组。

### 游戏意义

　　培养游戏者的协作能力、对人的信任感；智在其中，乐在其中，既增进了友谊又锻炼了体力。

游戏名称　孵小鸡

道　　具　鸡蛋（或小石头）

场地说明　平坦宽敞的空地

参与人数　多人

# 孵小鸡

## 游戏规则

此为多人游戏。选其中一个人当"鸡妈妈",坐在凳子上,凳子下放几个蛋(可用石头代替),表示"鸡妈妈"正在"孵蛋";其余的人当"耗子","耗子"在"鸡妈妈"身边钻来钻去,伺机取蛋。

"鸡妈妈"可以自由转动,保护身下的鸡蛋,但不能离开凳子。"耗子"伸手取蛋时,"鸡妈妈"要迅速拍"耗子"的手臂,被拍到的"耗子"在本轮游戏中就不能再取蛋了。一直玩到取完蛋为止,或不剩"耗子"为止。

## 游戏意义

培养游戏者的观察能力、反应能力;角色不同,则责任不同,游戏过程中可增强各自的责任意识;根据角色的使命、各自的任务,游戏者要么独当一面,要么相互配合,其社会性得到很好的发展。

**游戏名称** 占山(别名:抢山、占山为王)

**道　　具** 无须道具

**场地说明** 室外有高台、土堆、沙堆等的地方

**参与人数** 多人

# 占山

### 游戏规则

此为多人游戏，游戏者分成两人一组，通过"石头剪刀布"的方式决定各组玩的顺序，胜出的一组先玩。

1. 大家先唱童谣《占山》："山山山，我是太行山，谁上我的山？""我上你的山，山上有什么？""山上有药材，看谁先上来。"

2. 歌唱结束后，两人比赛，谁先跑上山占领山头（高台、土堆、沙堆等），谁就胜出。

3. 当所有人都参与比赛后，第一轮游戏结束。第二轮开始时，上一轮的胜出者对胜出者，以同样的规则游戏。一轮一轮淘汰，直至最后的"占山大王"产生。然后再重新开始。

为了让游戏者通过这个游戏了解家乡各个地区的文化，可将童谣改编为："山山山，我是×××，谁上我的山？""我上你的山，山上有什么？""山上有×××，看谁先上来。"这样，游戏者边唱童谣边玩耍，在游戏中自然而然了解了自己家乡的地方风貌，培养了热爱家乡的情感。

### 游戏意义

本游戏具有形式简单、场地易得、灵活多样、娱乐性和竞争性强等特点，能激发儿童浓厚的兴趣，有助于儿童在体能、语言、社会性等各方面得到发展。

**游戏名称** 摔泥锅（别名：摔盆子、打泥锅、泡泡窝、泥碗碗）

**道　　具** 取黏土若干，加水揉制成柔韧的泥材备用

**场地说明** 水泥台面上或青石板上

**参与人数** 两人或多人

# 摔泥锅

## 游戏规则

一般是两人对决，人多时两人一组分组进行，剩一人时可作为裁判。

1. 双方平分准备好的泥材，然后各取数量相当的泥，留一部分备用，其余制作成泥锅。泥锅呈凹形，底部要尽量大且薄，锅边越宽越好。泥锅做好后先用猜拳方式决定游戏先后顺序，赢者先摔，摔锅时用力使锅边同时落地，靠锅内空气的压力将锅底炸开个洞（破洞的大小往往取决于泥料、制作方法、力度、摔法等诸多因素）。

2. 两人依次摔锅，锅摔破后则要用对方的备用泥来修补自己锅上的破洞，洞炸得越开用泥越多，这时双方泥的多少便产生了差距。

3. 二人你来我往互相摔锅、补洞，直至一方的备用泥被对方用完，最终以得泥多者为胜，战利品就是多得的泥巴，但精神上的胜利和满足是无法用泥巴多少来衡量的。

## 游戏意义

用随处可见的泥土，制造简单的快乐；在制作泥锅的过程中，可以锻炼游戏者的动手能力；摔打的过程中锻炼其肢体力量，同时也增强游戏者的科学意识。

**游戏名称** 刁乖乖（别名：抓羊拐，掷骨儿）

**道　　具** 四个羊拐，一个沙包。农村过年时大多要杀羊，大人们剥羊骨上的碎肉时，孩子们就在骨头堆中找那两个羊后腿关节的拐骨（即膝盖骨）。找到后，洗净晒干用浸湿的红纸染上颜色，便大功告成了

**场地说明** 屋檐下的台阶上或者小饭桌上等均可进行

**参与人数** 两人或多人

# 刁乖乖

## 游戏规则

此游戏适合两人玩，人多时分组进行，每组两人。

两人相对而坐，分为三步：

1. 向上扔起沙包，迅速用同一只手将其中一个拐小凹面朝下立起来，顺势接住沙包。再扔，再立，再接，直至将四个羊拐都立起来。这一过程，四个拐必须立得有规律，为下一步打好基础。立起时又不能碰到前面立起的拐，否则算输，由对方来玩。

2. 扔起沙包，将四个立着的羊拐一把抹倒，再接住沙包。抹倒的羊拐要"背"或"坑"一致朝上，否则算输。

3. 扔起沙包，一手将四个羊拐抓起并接住沙包。三步完成，则赢了一局。

4. 对方玩时从第一步做起。一局必须三步都做完才算赢，中间玩坏了就得从头再来。

## 游戏意义

培养游戏者遵守规则、与他人友好相处的习惯；培养游戏者自己解决人际矛盾及控制自己情绪和行为的能力；促进游戏者手关节的灵活性和手眼协调能力，锻炼他们的运动技能和技巧；在游戏中取胜，能使游戏者体验到成功的喜悦，增强自信心和成就感。

**游戏名称** 丢石子
**道　　具** 大小相似的十个卵圆形的石子
**场地说明** 平坦宽敞的空地
**参与人数** 两人或多人

# 丢石子

### 游戏规则

此游戏适合两人玩，人多时两人一组分组进行。

每人手持五个石子，面对面而坐。游戏开始，用"石头剪刀布"决定玩的顺序，赢的一方先抓。

玩时先把两人的石子一并撒开，右手拿起其中一块石子儿向上抛起后，迅速去抓地上的其他石子，抓起后再迅速接住之前抛起的石子。第一次一个一个地抓，第二次两个两个地抓，第三次三个三个地抓，第四次四个四个地抓……数量依次递增，直至地上的石子全部抓起，无失误者为赢家。如果石子没有抓起或者抛出的石子没有接住，则换对方玩儿。如此反复进行游戏。

### 游戏意义

增强手部动作的灵活性、协调性，促进游戏者骨骼、肌肉发育，锻炼其运动技能和技巧。

游戏名称　盲人摸象

道　　具　彩色粉笔或其他绘画材料，围巾或布条

场地说明　室外靠墙的空地

参与人数　多人

# 盲人摸象

## 游戏规则

1. 游戏开始前，参与者共同在固定于墙体的纸上画一个"动物园"，群策群力，发挥各自的想象能力，画出比如长颈鹿、老虎、狮子、河马、熊猫、斑马、猴子、山羊、大象、狗、猪、鸽子、鲨鱼等各种动物，在所画的动物中，要把大象画得最醒目，能让人过目难忘。

2. 画完后，在距离墙壁五米左右的位置画一条直线，与墙平行，作为下一步摸象的起点。

3. 游戏开始时，除留下一人作为裁判外，其余所有游戏参与者都要在起点线外站成一列准备摸象。

4. 出发前听裁判口令，面对画好的"动物园"露出眼睛用十秒钟观察记忆大象的位置，然后蒙住眼睛，原地转三圈，凭感觉前去摸象。

5. 在规定时间内能准确地摸到大象的人获胜。

## 游戏意义

激发游戏者热爱生活、关注大自然的情趣；锻炼游戏者的观察能力和记忆力，及其辨识方向的能力；在游戏过程中相互观摩相互学习，潜移默化中提高绘画能力和表现能力。

**游戏名称** 鸣锣（别名：蒙眼敲锣）

**道　　具** 眼罩、锣、锤

**场地说明** 操场或者比较空旷的室外

**参与人数** 多人

# 鸣锣

## 游戏规则

1. 分组，每组至少两人。

2. 首先划定一条起始线，在起始线的前方八至十米处挂一面铜锣（替代物品也行），然后每组派出一位敲锣者，此人必须戴上眼罩；由于敲锣者无法看到铜锣的位置，所以他的队友可为其指路，敲锣者边走边向队友询问方向是否正确，如"对吗？"队友如实回答，但只能说"对"和"错"，且敲锣者须和他的队友保持两三米的距离。敲锣者需在队友的指引下在规定时间内找到并敲响铜锣，时间到而没敲响铜锣则本次活动不得分。

3. 每组各出一人轮流上阵敲锣，每成功一人则该队得一分。所有组参加完游戏后，得分最多的组获胜。

## 游戏意义

通过游戏者之间的配合，培养其团队合作精神；培养参与者的方向感、反应速度及语言表达能力。

游戏名称　猎人抓野兔

道　　具　"猎枪"（木棒一根），"兔窝"（几个纸箱或几个呼啦圈等）

场地说明　室外空地

参与人数　多人

# 猎人抓野兔

## 游戏规则

1. 开始前，先在选好的场地上画出各个角色的活动区域，再摆放好纸箱或呼啦圈等物件当作"兔窝"，"兔窝"的数量要比"野兔"的数量少一个。用推举的方式选出一人扮"猎人"，其余的人扮"野兔"，并藏在"窝"中，一个"窝"只能藏一只"野兔"，没"窝"可藏的那只"野兔"四处蹦走。

2. 游戏开始，"猎人"背着木棍枪上场，"野兔"们也纷纷钻出"兔窝"出来吃草，两只手作"V"形，分别放在头顶左右两侧，一边模仿兔子蹲着往前蹦，一边唱儿歌："兔子坐在家门口，看到猎人到处走，赶快回家躲一躲，不然就把小命丢。""猎人"则开始抓"野兔"，"野兔"可随意找一个"兔窝"躲进去，"猎人"便改抓别的"野兔"，但总有一只"野兔"因没"窝"可藏身而被抓住，被抓的这只"野兔"就成为下一轮的"猎人"。

3. 游戏过程中，"猎人"不能用木棍枪真打"野兔"，轻轻接触就行，以免伤到人；"野兔"只能蹲着蹦，不能站起跑，否则，就算犯规退出游戏。

## 游戏意义

游戏者在追逐、抓捕、躲闪的过程中，既锻炼了身体，又感受到了成功脱险的快乐。

**游戏名称** 杠老将（别名：干老将）

**道　　具** 草根（或茎）

**场地说明** 随处可玩

**参与人数** 两人

# 杠老将

## 游戏规则

杠老将是儿童最喜爱的游戏项目之一,通常选择比较有韧性的草。

1. 两个人各拿一草根(或茎),然后把自己的草根和对方的草根缠起来,呈十字交叉状。

2. 两人各捏草根的两头,各自向相反的方向用力拉扯,就像拔河一样,谁的草根先断了,谁就输了。

## 游戏意义

帮助游戏者认识多种植物的特性;帮助游戏者根据植物的特性选定用力的角度和用力的大小,学会以智取胜。

游戏名称　拍电报（别名：打电话）

道　　具　无须道具

场地说明　房间、院落、田间旷野等均可

参与人数　多人

# 拍电报

## 游戏规则

此游戏的参与者通常为多人。其中一人要闭上眼睛，面对墙角或某个标志性物体，嘴里从一数到十，即"拍电报"，其间不得偷看别人。

1. 其他游戏者在划定好的范围内躲藏起来。待数数完毕，数数者要去抓住其他游戏者。最先被抓住的要喊"电报一"，第二个被抓住的人要喊"电报二"，然后，依此类推。

2. 游戏中，其他游戏者一边要躲避数数者，防止被他抓住，一边还要尽量靠近数数者之前所站立的那个墙角去"拍电报"，也就是从数字一数到十。一轮游戏中，所有游戏者都被抓住，或者有一人拍完电报，就意味着此轮游戏结束。

3. 下一轮游戏中的数数者，通常由"电报一"接任。如果在上一轮游戏中，数数者没有抓到任何人，则由他继续担任数数者。

## 游戏意义

训练游戏者的奔跑速度与动作灵敏度，培养他们的团队合作意识。

游戏名称　手推车

道　　具　无须道具

场地说明　场地需平整，且无杂物或玻璃碎片等

参与人数　两人或三人

# 手推车

## 游戏规则

此游戏有两种玩法。

1. 三人玩时，先通过猜拳决出胜负，获胜者趴下扮作手推车；其余两人分别将胜者的小腿抬起，夹到身体一侧，扮作推车人，推动胜者向前爬行。三人可互换角色。

2. 两人玩时，动作有所变化，独立"推车"的人须站在扮演推车者的两小腿中间，并用手抓住其两脚踝，推动其前行，以坚持时间长者为胜。两人可互换角色。

3. 游戏中，特别需要注意的是，"推车"的人不能过分用力，同时，因扮作手推车的人双手撑地爬行，还应注意选择平整而清洁的地面。

## 游戏意义

在这一游戏中，猜拳环节主要训练游戏者的快速反应能力，而"推车"环节，又侧重于训练爬行者和游戏者双方的臂力；小小的游戏，既含有智力元素，也具有体力锻炼的作用，简单易行，深受广大儿童的喜爱。

**游戏名称** 击鼓传花（别名：传彩球）

**道　　具** 鼓、槌、花（花也可用其他物品替代）

**场地说明** 平坦宽敞的空地或室内

**参与人数** 多人

# 击鼓传花

### 游戏规则

　　这是一个多人游戏，人数在五人以上为佳，众人围成圆圈坐下，其中一人拿花，一人背向大家或蒙眼击鼓，鼓响传花，鼓停花止。花在谁手中，谁就上台表演节目，如果花束正好在两人手中，则两人可通过猜拳或其他方式决定胜负。

### 游戏意义

　　活跃气氛，增进友情，锻炼表现力；培养动作的敏捷性；表演节目的同时，既可相互学习相互启迪，还有助于树立自信心。

**游戏名称** 打尜子（别名：打尜尜、打梭儿）

**道　　具** 需尜板和尜子两种道具。尜板即手板，宽大约二十厘米，长大约五十厘米，厚大约一厘米，材质不限。将木板一端两侧劈出用于手握的弧形，尜板即做成。尜子呈枣核形，是长五至十厘米、粗二至六厘米的木棍，将两头削尖

**场地说明** 室外宽敞的地方，尽可能躲开房舍和行人

**参与人数** 两人或多人

# 打尜子

## 游戏规则

本游戏通常是男孩子玩儿，可两人亦可多人。

1. 确定对抗双方，从击打区往外打的为守方，相反，由尜子落点处往"油锅"里打的为攻方。在场地的一角或中央画一个直径大约三米的圆圈，叫"油锅"，"油锅"的外沿朝开阔的一侧画一半圆或一小框为打尜起始区。

2. 对抗的方法有两种：一种是守方在事先划定的打尜区敲击尜子，一次性尽力将尜子向远处打，越远越好（但尜子不能超出区域，出域则不能再次击打）。在落尜处攻方可一次或分两次将尜子反方向打回"油锅"里，打到"油锅"内则攻方胜，双方交换角色。若没打回"油锅"里，则守方"要丈"计量成绩，"要丈"即估算尜子落点到"油锅"的距离，这是计算双方成绩的重要环节。方法是从落点处向击打区开始量丈（一丈为十个尜板的长度），如果要丈方估计的数量和实际数量差不多则有效（误差范围是提前商定好的），如误差太大则不计成绩。成绩屡次累计，总成绩高者为赢家。

另一种方法是守方分两步打，先在击打区将尜子用力打出，然后在尜子落点处直接拿起尜子再次击打尜子。攻方则在最后落点处捡起尜子直接向"油锅"里用手扔"尜子"（这时守方可站在"锅"内用自己的尜板往外打尜），当尜子扔进了"油锅"，则攻方为胜，扔不进则守方开始"要丈"，方法同上。

## 游戏意义

打尜时有击打、有奔跑、有投掷、有跳跃、有弯腰等动作，属于全身运动，能很好地锻炼身体；游戏竞技性强，技巧性强，趣味独特，能提升参与者的估算能力。

**游戏名称** 过家家（别名：扮家家）

**道　　具** 游戏时，可以将儿童常玩的东西作为简单道具，也可以采用虚拟化的游戏模式。譬如，可以拿几块砖垒成"灶台"，也可以将池塘里舀来的水当作炒菜的"油"，还可以把随处挖来的土看成下锅的"米"，把随地捡来的碎砖碎瓦当成"盛饭"用的盘子、碗等等。兴之所至，有时还跑到小商店买几根火柴，装模作样"生火"，煞有介事"做饭"

**场地说明** 房间、院落、街巷或空地上都可

**参与人数** 人数不限，一人或多人均可

# 过家家

## 游戏规则

过家家是孩子模仿成年人的角色所做的游戏，一个人或几个人都可进行。

1. 几个人一起玩时，由几个小伙伴分别扮演不同的家庭成员，有爸爸妈妈、爷爷奶奶、兄弟姐妹等多个角色。游戏中，通常都是孩子们模仿大人们的日常家庭生活，各个角色分工协作。有的"买菜"，有的"煮饭"；有的"结婚成家"，有的"照顾孩子"，甚至还有模拟各种生产劳动的游戏。

2. 一般情况下，这种游戏女孩子玩得比较多。游戏中，女孩子往往把自己扮演成妈妈，而将玩具娃娃视作自己的孩子。

3. 过家家的游戏规则还可以是动态的，游戏过程中，因扮演的角色不同，自然也有不同的子规则。

4. 如果玩得复杂一些，除了扮演大人做饭外，还可以在地上画出厨房、卫生间、客厅、卧室等，然后，再摘些花草把"卧室"布置一番。"家里"的"家具"及摆设，一般是虚拟的。譬如，两块砖头拼在一起就是"桌子"。如果游戏中能有个洋娃娃，那简直就是豪华版了；倘若没有这样高档的道具，小板凳也能充作小宝宝，可以抱着"逛街赶集"，也可以哄"宝宝"睡觉，哄"宝宝"玩。

## 游戏意义

过家家游戏，是游戏者在演绎一幕幕关于未来生活的真实场景。他们自编自演，自娱自乐，既是导演、演员，又是观众，对自身的社会化成长能起到诸多积极的促进作用。

**游戏名称**　捉迷藏（别名：躲猫猫）
**道　　具**　能蒙住眼睛的布条或眼罩
**场地说明**　屋子、院子等地方皆可
**参与人数**　两人以上

# 捉迷藏

## 游戏规则

首先选定一个范围，大家通过猜拳或其他方式，选定一个人当找人者，其他人为躲藏者。找人者蒙上眼睛或背向大家数数，一般数十个数，躲藏者则必须在这段时间找到一个地方躲藏，时间到后找人者去寻找躲藏者，最先被找到的人成为下一轮的找人者。没有被找到，且最后回到出发点没有被找人者发现的人，直接成为下一轮躲藏者。游戏可反复进行。

## 游戏意义

愉悦身心；锻炼观察分析能力、方位判断能力和运动技能。

**游戏名称** 攻城

**道　　具** 无须道具

**场地说明** 平坦宽敞的空地

**参与人数** 多人，最少九人

# 攻城

## 游戏规则

1.画定游戏场地：选择室外空旷的地方，相隔三至五米画两个直径三米左右的圆圈当作两座城。

2.游戏者分组：先推举两人为"将军"，一人为裁判，其他的人扮"兵马"。再由两位"将军"以猜拳的形式决定挑选"兵马"的优先权，赢者先挑选，为公平起见，一次只能挑选一人，直到参与者全部选定。

3.角色分配：两位"将军"分别负责用兵布阵，发号施令，不参与战斗；其他人则三人一组，其中一人扮"兵"，其他二人扮"马"，两匹"马"两手交错相握以"抬轿子"的方式抬着"兵"当作一辆"战车"。

4.决定输赢：双方布好阵，由裁判宣布总攻开始，各"将军"在城池中指挥自己的"兵马"冲出城池向对方城池发起攻击，直至一方"兵马"攻占另一方的城池，并将对方"将军"逐出城外，则裁判裁定"损兵折将"方为输方。交换场地后继续玩儿，直至尽兴。

5.游戏纪律："马"可以驮自己的"兵"，也可以攻击对方的"马"；"兵"只能让"马"驮着走，不能自己下"马"走，进攻时可以用手推、拉对方的"兵"，但不能用拳、肘等部位攻击对方；如果一方的"兵"被对方的"兵"拖下"马"，或者一方的"兵马"都被对方的"兵马"撞倒，那么这辆"战车"就退出战斗，到场外当观众。

## 游戏意义

在攻城略地的过程中树立领土意识，增强守土有责的责任感；磨炼游戏者不畏艰险、勇于拼搏的进取精神，以及胜不骄、败不馁的心理素质；在游戏过程中还能增进友谊，培养集体观念和合作意识。

**游戏名称**　跳房子

**道　　具**　沙包

**场地说明**　在平坦的地上画出房子，一共十个格子，规格是长宽约五十厘米，有的还在格子顶端画上"天堂"，然后按顺序在每个格子里面写上1～10的数字，格子的样式有很多，可以自己设计。如下页图

**参与人数**　两人以上

# 跳房子

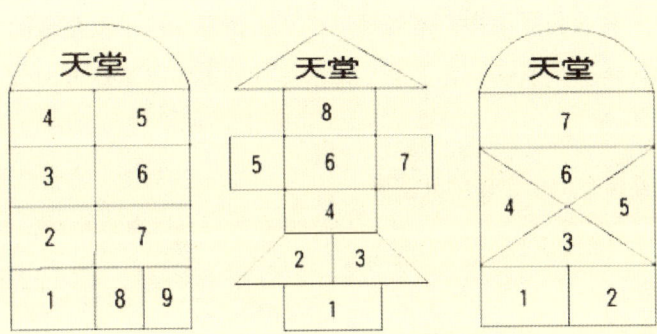

## 游戏规则

1.游戏开始时，站在第一个格子的外面，用手将沙包丢进方格1，然后单脚跳进方格1中，将沙包踢至方格2中，接下来换脚跳进方格2(其间必须一直保持一只脚站立，另一只脚不能着地)。……就这样按照1~10的顺序，单脚轮换往前跳，到终点后再按同样的方法跳回来。

2.沙包丢到格子外面或压线算犯规，单脚跳时踩线或越界算犯规，但是途中如果经过并排的格子以及"天堂"时，可以双脚落地。

3.跳的人如果犯规，则换下一人跳房子，等到下次上场时，从上次犯规的格子继续。

4.当跳完一轮后，这个人就有权盖自己的房子了。需要此人站在起点处，背对着格子将沙包抛出去，落到哪个格子上，那个格子就是他的专属房子，可以把他的名字写在上面，接下来当别人跳时不能踩到这个房子。

5.最终拥有房子最多的人获胜。

## 游戏意义

锻炼游戏者的四肢协调性；提升游戏者的记忆和思维能力；培养游戏者的耐心和专注力；发展社会性能力。

# 后 记

  老游戏是美好生活的衍生物,它伴随着一代代人的成长,沉淀成温暖而深刻的记忆。

  随着现代化及城镇化的不断推进,老游戏存在的文化生态悄然发生变化:没有了大杂院,失去了开展游戏的场所;没有了鸡犬相闻的邻里,失去了广大的参与者;没有了嬉戏打闹的景象,失去了原有的乐趣……太多老游戏面临萎缩与消逝的危机。此外,新的游戏形式迭现,特别是近年来网络游戏飞速发展,从根本上改变了游戏的参与方式和玩耍情态,甚至影响了人们的生活态度和生活方式。

  流走的是时光,流不走的是记忆。笔者搜集、整理老游戏,就是要重温传统生活,传承传统文化,留住时代记忆。

  成书之际,再次感谢相关领导的关爱,并向为本书付出劳动的所有人员致以诚挚的感谢!愿这本充满情怀的小书,能够在新时代为传承中华优秀传统文化、促进文化交流与发展、展现民间文化独特气韵、彰显中国文化软实力尽绵薄之力。